Ouro Preto e o ***Futuro***

patrocínio:

levantebh.com.br

apoio:

1ª edição

EDITORAS ASSOCIADAS

Ouro Preto e o ***Futuro***

Marcos Fontoura de Oliveira
Ronaldo Guimarães Gouvêa
Marcelo Fontoura de Oliveira (ilustrações)

Nesta edição, respeitou-se o Acordo Ortográfico da Língua Portuguesa de 1990, que entrou em vigor no Brasil em 2009.

Autores: Marcos Fontoura de Oliveira e Ronaldo Guimarães Gouvêa.
Ilustrações e capa: Marcelo Fontoura de Oliveira • *Projeto Gráfico:* Pallavra Certa Comunicação.

Catalogação na publicação
Elaborada por Bibliotecária Janaina Ramos – CRB-8/9166

O48o

Oliveira, Marcos Fontoura de

Ouro Preto e o futuro / Marcos Fontoura de Oliveira, Ronaldo Guimarães Gouvêa; M. Douro (Prefácio). – Belo Horizonte: Quixote+DO, 2023.

96 p., il.; 24 X 22 cm

ISBN 978-65-86942-96-5

1. Ouro Preto-MG. I. Oliveira, Marcos Fontoura de. II. Gouvêa, Ronaldo Guimarães. III. Douro, M (Prefácio). IV. Título.

CDD 918.151

Índice para catálogo sistemático
I. Ouro Preto-MG

EDITORAS ASSOCIADAS

Rua Alagoas, 1.270 / Sala 304 • Savassi • Belo Horizonte/MG • 30130-168
editoraquixote@gmail.com • https://quixote-do.com.br
Impresso no Brasil • novembro de 2023

Tudo é arte, tudo é política. *Ai Wewei*

A arte existe porque a vida não basta. *Ferreira Gullar*

A cidade favorece a arte, é a própria arte. *Lewis Mumford*

Aos pés de Ouro Preto, todo amor é certeiro. *Pedro Muriel*

Sumário

Prefácio

Ousadia como estratégia

Acompanhei a elaboração deste livro desde que Marcos Fontoura e Ronaldo Gouvêa decidiram escrever algo sobre Ouro Preto para submeter à revista *Barroco*. Isso aconteceu em 2021, em plena pandemia do coronavírus Covid-19. O ensaio foi publicado com o título "Mobilidade urbana em Ouro Preto: ousadia como estratégia". Já na *live* de lançamento do número da revista que continha o ensaio, me dei conta do quanto precisamos de publicações como aquela – e agora esta – para sairmos do marasmo.

Um ano se passou.

Em 2022, Marcos e Ronaldo resolveram transformar aquele ensaio da *Barroco* em um livro. Mais uma vez, acompanhei de perto o processo. Os autores foram reescrevendo o texto e decidiram incluir muitas imagens para compor o livro que ia sendo elaborado. Para isso, contaram com o *designer* Marcelo Fontoura, que foi criando ilustrações. Uma das imagens, de minha autoria, é a pintura de uma personagem do livro.

Adianto aos leitores que muitas imagens foram criadas com recursos de inteligência artificial. Posso garantir que isso não foi algo simples: muito pelo contrário. Desenhos e textos foram interagindo e provocando mudanças uns nos outros, em muitas idas e vindas. Nesse processo, imagens até então consideradas prontas, de repente foram descartadas ou recriadas. Ilusão de quem pensa que a inteligência artificial seja capaz de substituir um artista.

Em julho de 2023, quando o livro estava quase pronto, eis que recebo o convite para escrever este prefácio. A encomenda foi clara: contar o que o livro é e o processo de sua elaboração, mas sem dar *spoiler*. O resultado de um trabalho a muitas mãos é o que o leitor verá nas próximas páginas.

Ouro Preto e o Futuro percorre cinco séculos, do XVII ao XXI. A cada novo capítulo do livro somos informados que um século se passou e surge uma imagem de página inteira. Cada uma homenajeia um artista: Franz Post, Francisco de Goya, Paul Cézanne, Edward Hopper e Yayoi Kusama. Marcando cada início de século, essas imagens são como as luzes que se apagam e se acendem entre duas cenas consecutivas de uma montagem teatral.

Ao chegar ao século XXI, os autores avançam no futuro, indo aos anos de 2030, 2031 e 2040, com um breve aceno ao ano 2050.

Em todo o livro os verbos estão no tempo presente ao falar tanto de fatos já acontecidos no passado, quanto de fatos que ainda acontecerão no futuro. Para falar do tempo presente, os autores usam verbos no passado, anunciados por um "para quem não se lembra...". Esse truque torna o livro bem barroco, repleto de volutas que se enroscam.

Algumas informações vão e vêm como personagens de um romance. É o caso de uma balança construída na Bahia, dos tropeiros de Minas Gerais, da Casa Mariana, do Sino de Ouro Preto...

Uma personagem marcante no livro é Narcisa Ribeiro, que viveu em Ouro Preto no século XVIII. Ela é uma "negra escravizada que pertence ao sacristão Diogo Pereira" e "anda bem-vestida pelas ruas, como se fosse uma mulher branca de posses, usando saia de pelo de cabra e calçando chinelas". Mais não posso dizer aqui sobre ela, para não estragar a surpresa da leitura.

Outra marca do texto é o uso de informações recortadas de muitas fontes e de experiências vividas pelos próprios autores. É possível detectar Machado de Assis e Jean-Baptiste Debret quando eles falam da cadeirinha usada como meio de transporte no século XIX.

A ideia de introduzir a imagem de um touro Jersey no alto de uma colina em Ouro Preto, segundo Marcos, veio de uma lembrança. Ele se surpreendeu com o silêncio de Oslo ao ouvir o mugido de um touro Highland no alto de uma colina quando estava dentro de um ônibus urbano a caminho do Museu Viking.

Ler o livro é como fazer um *tour* pelas ruas de Ouro Preto. Cito: "O ônibus segue seu caminho. À direita, pela Rua Senador Rocha Lagoa, antiga Rua das Flores, vê-se o Grande Hotel de Ouro Preto". Esse conhecimento minucioso da cidade, rua a rua, monumento a monumento, é mérito de Ronaldo.

Em certo momento do livro, sentimo-nos usando um moderno sistema de transporte coletivo em Outo Preto: "ônibus elétricos, silenciosos e não poluentes, todos sem qualquer degrau de acesso, com um sistema sofisticado de suspensão que faz as viagens acontecerem sem solavancos".

O leitor, certamente se perguntará se é possível implantar em Ouro Preto tudo que está descrito. Muito do que lemos é ficção, mas não é ficção científica. É ficção, tão somente, como era na antiga Vila Rica os inconfidentes quererem que o Brasil deixasse de ser uma colônia de Portugal e Narcisa Ribeiro querer, tão somente, poder usar chinelas na rua e não ser obrigada a ir à missa.

Por outro lado, não é ficção quando os autores nos lembram que a legislação brasileira já concede o direito à acessibilidade com desenho universal e que nos falta, tão somente, efetivá-lo. E mais: para que isso aconteça não é necessário destruir o patrimônio histórico.

Após o miolo do livro há um belo posfácio do jornalista Daniel Santini, que vem pesquisando a mobilidade urbana em Mariana, cidade vizinha de Ouro Preto.

Antes de terminar este prefácio, chamo mais uma vez a atenção do leitor. Como uma cena pós-créditos de um filme, minha sugestão é o leitor prosseguir na leitura. Chegando nas referências, pode-se observar que nelas há de tudo um pouco: livro de teoria e de literatura, reportagem de jornal, romance, programa de peça teatral, vídeo, legislação, ficha técnica de obra de arte e dados censitários. Após as referências, há duas listas: de cidades e de entidades especialmente homenageadas pelos autores no livro.

Por fim, na contra capa há um QR Code para ouvir o livro e vê-lo em Língua Brasileira de Sinais (Libras). Sejam bem-vindas ao livro as pessoas com deficiência visual e as pessoas com deficiência auditiva não alfabetizadas em português.

Espero que você desfrute deste livro, que nos incentiva a acreditar que as cidades brasileiras podem ser bem melhores do que são. Como nos ensinou Guimarães Rosa no *Grande Sertão: Veredas*, o que a vida quer da gente é coragem.

M. Douro (artista plástico)

Este prefácio não foi escrito por inteligência artificial.

Estamos no **século XVII**

As cidades do país que daqui a três séculos será a República Federativa do Brasil são poucas e despovoadas. Frans Post, em pintura que ficará célebre por ter sido encomendada para ser um presente de Maurício de Nassau a Luís XIV de França, registra em 1655 como é o transporte terrestre no Brasil Holandês.

A pintura é imponente, e seu nome, extenso: *La demeure d'un "labrador" (planteur de canne à sucre) au Brésil, dit auparavant à tort Le village de Serinhaem (Pernambouc)*. O verso da pintura traz uma breve explicação sobre a paisagem e o país: *A casa de um lavrador, ou seja, aquele que não tem outra ocupação que não seja a de plantar a cana. Tudo o que pode ser visto no país, que tem a cor do amarelo, é a cana da qual o açúcar é prensado*.

A pintura será futuramente incorporada ao acervo permanente do Museu do Louvre na França. No século XXI ela integrará uma exposição no magnífico Louvre Abu Dhabi nos Emirados Árabes Unidos.

Em um detalhe, na parte inferior direita da pintura de Frans Post, vemos uma rede sendo carregada por dois homens negros. Dentro dela está a mulher do plantador de cana-de-açúcar que dá nome à obra. Ao lado da rede, segue uma mulher negra carregando uma cesta na cabeça. Um cavaleiro montado vai à frente do pequeno grupo que se desloca.

Para ir de uma fazenda a outra no Brasil Português, as pessoas se deslocam de forma similar àquela pintada pelo artista holandês. Para o transporte de cargas, são usadas tropas de cavalos ou mulas, conduzidas por tropeiros. Típicos das Regiões Sul, Sudeste e Centro-Oeste do Brasil, os tropeiros existirão no país até o século XX. Daqui a duzentos anos, esses homens e seus animais serão imortalizados em fotografia de Marc Ferrez.

O bandeirante Manuel Garcia chega, em 1696, a um local ainda inexplorado na região que ficará conhecida como Minas Gerais. Um ano depois, o bandeirante Antônio Dias de Oliveira chega à mesma região e, em 1698, é a vez do Padre João de Faria Fialho, bandeirante e vigário de Taubaté. Surgem então três arraiais: o de Manuel Garcia (na vertente dos córregos Tripuí e Passa-Dez), o de Antônio Dias (no lado do nascente, em local que recebeu o seu nome) e o do Padre João de Faria Fialho (nos córregos que descem do Pico do Itacolomi). Alguns anos depois, estes três arraiais constituirão a Vila Rica de Nossa Senhora do Pilar, mais adiante Ouro Preto.

Na busca, muitas vezes malsucedida, por pedras preciosas e minerais valiosos, é encontrado ouro em abundância na região. As primeiras pepitas são encontradas nas barrancas do Córrego Tripuí, próximo do local onde, no futuro, será construída uma estação ferroviária. Elas são cobertas por um material escuro que dá nome ao lugar: Ouro Preto. Dois outros arraiais surgem na região, igualmente motivados por descobertas minerais: Ribeirão do Carmo e Sabará.

É neste final de século que se inicia a construção, sobre um rochedo, de uma casa que ficará célebre. Quase trezentos anos depois, quase em ruínas, ela será comprada e reformada pela poeta estadunidense Elizabeth Bishop, tornando-se a Casa Mariana.

Em 1700, fora os indígenas - donos da terra pilhada pelos europeus - estima-se que haja 300 mil habitantes no Brasil.

Estamos no **século XVIII**

Em 1711, o governador da Capitania de São Paulo e Minas de Ouro eleva os arraiais de Ribeirão do Carmo, Ouro Preto e Sabará à condição de vilas. No mesmo ano, a Vila do Ribeirão de Nossa Senhora do Carmo torna-se a capital da Capitania.

Em 1720, com a criação da Capitania de Minas Gerais, desmembrada da Capitania de São Paulo e Minas de Ouro, Vila Rica torna-se sua capital. Vinte anos depois de sua fundação, já é considerada a mais opulenta cidade da América Latina, contando com cerca de 40 mil habitantes. É denominada inicialmente Vila Rica de Albuquerque e depois Vila Rica de Nossa Senhora do Pilar de Ouro Preto. Uma de suas primeiras construções é uma ermida católica dedicada a Nossa Senhora do Carmo. Construída pelo bandeirante Padre João de Faria Fialho, ela ficará conhecida como Capela do Padre Faria.

Vila Rica é grande em área, resultado da fusão de vários arraiais. Seu território eleva-se a mais de mil metros de altitude, sobre as ladeiras do Vale do Córrego Tripuí, que sulca as agrestes vertentes meridionais do Quadrilátero Ferrífero.

Em 1741, a Capitania de Minas Gerais contabiliza sua produção anual de ouro em doze toneladas.

O acesso às regiões das minas é feito pelo entroncamento do Caminho Geral do Sertão (depois chamado Caminho Velho) com o distrito do ouro, em Sabará. É por aí que chegam as boiadas e mercadorias como carne-seca, sal, couro, rapadura e peixe seco. Tudo muito caro. A comida é escassa e a fome, intensa. Em abundância, permanecem sendo garimpadas pepitas de ouro escuro.

O abastecimento das Minas melhora com a abertura de um novo acesso: o Caminho Novo. Projeto de Artur de Sá e Menezes, governador da Repartição Sul (um dos dois Governos Gerais do Brasil, com sede no Rio de Janeiro), pretende-se criar uma rede de circulação de mercadorias interligando os distritos mineradores e dois importantes núcleos de abastecimento: o porto do Rio de Janeiro e a Vila de São Paulo.

O terceiro e último caminho de acesso é o Boca das Minas. Ele começa no centro da Baixada Fluminense e, antes de subir a Serra da Mantiqueira, entronca na Vila de Taubaté com o Caminho de São Paulo. Esta via transforma o Rio de Janeiro no principal mercado abastecedor das minas e por ela transitam mercadorias, gado, aventureiros e milhares de pessoas negras escravizadas. O novo caminho reduz o tempo de percurso do Rio de Janeiro a Vila Rica para cerca de vinte dias, apesar de continuar muito difícil a travessia da Mantiqueira, com lama, insetos e apenas ranchos de palha para pernoite.

Em 1745, a Vila do Ribeirão de Nossa Senhora do Carmo é elevada à condição de cidade e renomeada de Mariana. Ela agora é também a sede do bispado, criado para cuidar da administração eclesiástica da importante região mineradora.

Nesta época, são poucas as opções de transporte e as pessoas deslocam-se com parcimônia de um lugar a outro, entre fazendas ou dentro dos arraiais, vilas e cidades. Os transportes urbanos são escassos e não muito diferentes dos usados no século anterior: redes para mulheres brancas; cavalos, burros e charretes para homens da burguesia. Aos serviçais negros, pardos e indígenas, resta apenas uma opção: o transporte a pé, sempre sem sapatos.

A riqueza e os hábitos de alguns habitantes de Vila Rica serão, no futuro, lendários. Uma personagem peculiar neste momento é Narcisa Ribeiro, negra escravizada que pertence ao sacristão Diogo Pereira. Ela anda bem-vestida pelas ruas, como se fosse uma mulher branca de posses, usando saia de pelo de cabra e calçando chinelas.

A altivez de Narcisa Ribeiro chama a atenção de todos, o que lhe rende uma devassa pública entre 1748 e 1749. No futuro, os nomes de seus detratores serão desconhecidos. Ela, em compensação, será imortalizada em pinturas e estátua.

Nas Minas, as povoações são, antes de tudo, fruto dos caminhos que ligam os locais de mineração. A cidade é o entreposto, o lugar das trocas comerciais e uma garantia de suprimentos. Caminhos e estradas são nomeados como ruas. Uma curiosidade sobre suas denominações atravessará os tempos: a Rua da Praça, a Rua da Matriz e a Rua da Câmara, dentre outras, não recebem seus nomes por nelas estarem situadas tais edificações. Elas são, isso sim, as vias que conduzem aos locais que lhes emprestam os nomes.

Instalada em terreno fortemente acidentado, apenas a febre aurífera pode gerar o surgimento de uma cidade como Vila Rica. Terrenos planos naturais são praticamente inexistentes. Subir e descer as ladeiras de Vila Rica consome o suor dos escravizados. No auge do Ciclo do Ouro circulam por suas ruas e vielas dezenas de milhares de pessoas, entre brasileiros e estrangeiros.

Vale ressaltar a forte tendência urbana dos povoadores das Minas, manifestada inclusive pelos que se dedicam a atividades rurais. A maioria não dispensa ter casas no arraial, mesmo para desfrutá-las apenas em dias de folga.

Na segunda metade deste século, os artistas de Minas Gerais, após um período de intensa atividade, estabelecem um estilo novo e original, nada semelhante ao que se vê em Portugal. Tempos depois, será possível acompanhar a evolução do novo estilo de pintura, escultura e arquitetura em Ouro Preto, o Barroco, pois muito do que está sendo executado neste momento será mantido intacto.

Em 1750, é instalado um sino na Capela do Padre Faria. O templo, que pelo seu interior não deveria ser considerado uma simples capela, recebe em 1756 uma cruz pontifícia.

Em 1767, é construído em Salvador da Bahia um objeto em ferro e bronze, com finos ornamentos e monogramas em alto-relevo. É uma balança na qual se vê o selo do rei de Portugal, construída especialmente para pesar pessoas vendidas como mercadoria, capturadas na África e escravizadas no Brasil. Muitas são vendidas para trabalhar em Minas Gerais. Elas compõem metade da população da Capitania. No futuro, a balança fará parte do vasto acervo do Museu de Artes & Ofícios da futura capital de Minas Gerais.

Em 1776, com quase 80 mil moradores, Vila Rica é considerada a maior aglomeração urbana das Américas. Torna-se um importante centro intelectual, polo de irradiação do chamado Barroco Mineiro, com realizações nos campos da arquitetura, escultura, pintura e música. Foi também sede do movimento literário conhecido como Arcadismo Mineiro, ligado à poesia bucólica, então em voga na Europa Ocidental. Participam desse movimento os poetas Cláudio Manuel da Costa, Alvarenga Peixoto e Tomás Antônio Gonzaga. Contemporâneos desses intelectuais, dois artistas se destacam trabalhando juntos, em especial na Igreja de São Francisco de Assis: o escultor Antônio Francisco Lisboa, conhecido como Aleijadinho, e o pintor Manuel da Costa Ataíde, conhecido como Mestre Ataíde.

Aleijadinho é disputado, principalmente, pelas duas mais poderosas Ordens Terceiras: a carmelita e a franciscana. Para a Ordem Terceira de São Francisco, ele esculpe um medalhão em pedra-sabão, sem policromia, com a figura do santo. Um frontão fortemente marcado por volutas faz da fachada da Igreja de São Francisco de Assis a única em seu gênero.

Passado o pico na produção de ouro em Minas Gerais, as minas começam a dar claros sinais de esgotamento. Como resultado da exaustão das atividades mineradoras, o panorama é desolador: redução das áreas agrícolas e de criação de rebanhos, com despovoamento de cidades que surgiram com a mineração. Paira uma forte crise econômica, que se prolongará até o início do século seguinte.

Diante da progressiva queda de produção, os habitantes das Minas Gerais não estão conseguindo pagar seus impostos à Coroa Portuguesa. Em 1789, ocorre em Vila Rica um levante pela independência, que ficará conhecido como Inconfidência Mineira: confabulação de alguns grupos da elite, notadamente a mineradora, numa tentativa de libertar Minas Gerais do controle de Portugal.

Após a tentativa fracassada dos inconfidentes mineiros, é grande a encenação da Coroa Portuguesa para mostrar sua força e assustar possíveis novos revoltosos. A leitura da sentença imposta aos inconfidentes dura dezoito horas. Vários são condenados à forca. O poeta Cláudio Manuel da Costa suicida-se.

Neste momento, os donos do poder precisam ser duros o suficiente para desencorajar o surgimento de novos movimentos separatistas, mas não podem se exceder nas punições para não gerar desejos de vingança. Uma carta de clemência da rainha Dona Maria transforma quase todas as penas em expulsão do Brasil: o degredo. A exceção é Tiradentes, o alferes Joaquim José da Silva Xavier. Sua execução deve ser exemplar.

Tiradentes é enforcado entre 11h e 12h do dia 21 de abril de 1792, no Rio de Janeiro, capital da Colônia. Em seguida, seu corpo é retalhado. Sua cabeça é enviada para Vila Rica para ser exposta na praça principal. O restante do corpo é distribuído em pedaços para exposição ao longo do Caminho Novo.

Descumprindo decisão da Coroa Portuguesa, que proíbe o toque de sinos no dia, um morador anônimo de Vila Rica ousa reverenciar Tiradentes. Os moradores locais ouvem tocar o sino da Capela do Padre Faria, agora nomeada Capela de Nossa Senhora do Rosário dos Homens Brancos. No futuro, esse sino ficará mundialmente conhecido como o Sino de Ouro Preto.

Estamos no **século XIX**

O Brasil se torna independente de Portugal em 1822. Um ano depois, quando de sua elevação à condição de cidade, Vila Rica recebe a designação que a acompanhará pelos séculos afora: Ouro Preto. Recebe também o título de Cidade Imperial, conferido por Dom Pedro I do Brasil, o que lhe proporciona poder e autonomia. A partir de 1825, Ouro Preto passa a ser capital da Província de Minas Gerais e, com a Proclamação da República, em 1889, capital do Estado de Minas Gerais.

Em 1860, na cidade de Salvador da Bahia, uma dama da elite local vai a um estúdio para ser fotografada, seguindo tendência vinda da Europa. Ela está bem-vestida e adornada com joias. Sentada em uma "cadeira de arruar" ou simplesmente "cadeirinha", ela olha para o fotógrafo. A cortina da cadeirinha está aberta. Posam também dois homens negros, de pé, descalços, usando fraque e cartola: são os carregadores. Andar de cadeirinha neste momento é o modo de transporte da burguesia para deslocamentos dentro das cidades. Quem mais o adota são as mulheres, mas as cadeirinhas são igualmente usadas por autoridades políticas e religiosas.

Em 1880, Marc Ferrez mostra-nos tropeiros com seus animais no mercado de Ouro Preto em icônica fotografia. As viagens das tropas transportando mercadorias e conduzindo gado duram semanas até chegar ali. Os viajantes estão fatigados. Ao fundo vê-se a Igreja de São Francisco de Assis.

Uma das portas da igreja é aberta para receber os fiéis que vêm para a missa. As mulheres mais ricas chegam em suas cadeirinhas, cada qual carregada por dois escravizados negros, que ficam do lado de fora da igreja, esperando. Descalços, eles vestem roupas com o mesmo tecido da cortina da cadeirinha, pois são considerados parte da mobília. Junto a cada cadeirinha há quase sempre uma pajem que carrega o livro de missa de sua sinhá. Nos dias de festa, o povo se aglomera na porta das igrejas mais importantes de Ouro Preto. Os moradores querem ver qual é a cadeirinha mais bonita, a mais ricamente adornada.

Em 15 de novembro de 1889 é proclamada a república: os Estados Unidos do Brasil. A família imperial é intimada pelo novo governo a deixar o país. Ela segue para o exílio dois dias depois.

A 100 km de Ouro Preto, imbuídos do espírito republicano, os habitantes do Curral del Rei decidem mudar o nome do arraial. Novo Horizonte é o nome inicialmente sugerido. Com o aval do governador João Pinheiro da Silva, o arraial recebe, em 1891, o nome de Bello Horizonte.

A cidade de Ouro Preto já não oferece as condições adequadas para continuar sendo o centro administrativo de um Estado tão importante da recente república brasileira. Em dezembro de 1893, o local onde se situa Bello Horizonte é formalmente escolhido para abrigar a nova capital de Minas Gerais. O arraial é o selecionado, dentre cinco localidades, durante a realização dos estudos para a construção da nova capital.

Antes de o século acabar, mais precisamente em 12 de dezembro de 1897, Ouro Preto perde suas funções administrativas e seu poder. Ela deixa de ser a capital estadual, cedendo o posto para uma novíssima cidade batizada inicialmente de Cidade de Minas, inaugurada com festas.

O fim do século XIX é marcante: Ouro Preto é sensivelmente esvaziada, com o esgotamento das jazidas auríferas da região. Parte da população já havia se deslocado para as regiões cafeeiras da Zona da Mata e do Vale do Paraíba. Seu crescimento urbano nas décadas seguintes será inibido, o que - paradoxalmente - contribuirá para a preservação de sua riqueza arquitetônica. Ela não sofrerá a pressão imobiliária que condenará sua sucessora a não conseguir preservar seu patrimônio arquitetônico, muito mais recente.

Estamos no **século XX**

A denominação da nova capital de Minas Gerais parece não agradar aos políticos nem à população. Em 1901, o presidente do Estado, Silviano Brandão, sanciona lei alterando o nome de Cidade de Minas para Bello Horizonte (depois Belo Horizonte, com a reforma ortográfica de 1911).

Apesar da transferência do governo estadual para Belo Horizonte, a história continua pulsando nas ruas de Ouro Preto. A cidade se adapta aos novos tempos.

Em suas ladeiras, o casario colonial e as ricas igrejas continuam formando o maior conjunto arquitetônico do barroco brasileiro. No centro histórico, os viajantes ficam fascinados ao caminhar pelas inúmeras ladeiras de pedra para conhecer edificações exuberantes, como a Matriz de Nossa Senhora do Pilar, a Matriz de Nossa Senhora da Conceição, a Igreja de Nossa Senhora do Carmo e a Igreja de São Francisco de Assis.

Em 21 de abril de 1960, o Sino de Ouro Preto, que dobrou insurgentemente para reverenciar Tiradentes quase duzentos anos antes, é transportado até Brasília para ser tocado na cerimônia de inauguração da nova capital do Brasil. Desta vez sabemos quem o toca: é o mestre sineiro Amador Gomes, levado especialmente de Minas Gerais para a ocasião.

Em 1969, é criada a Universidade Federal de Ouro Preto (Ufop) com a junção das centenárias e tradicionais Escola de Farmácia e Escola de Minas. Ao longo dos anos, a universidade cresce, ganhando novos cursos e multidões de alunos.

Em 1980, Ouro Preto se torna a primeira cidade brasileira a receber da Unesco o título de Patrimônio Cultural da Humanidade.

A antiga capital colonial não está parada no tempo: além da agitação proporcionada pelos estudantes universitários em suas repúblicas, a cidade ganha vida nos eventos culturais, como a Mostra de Cinema, o Festival de Inverno, o Tudo é Jazz e o Fórum das Letras. As repúblicas são moradias estudantis que também hospedam turistas, principalmente durante o movimentado Carnaval de rua da cidade.

A arquitetura barroca de Ouro Preto inclui, além de praças, fontes e pontes, um sistema viário íngreme e sinuoso, composto, em grande parte, por vias revestidas de pedras, que permanecem assentadas pelo sistema de "junta seca", dificultando a circulação de veículos e pedestres.

O transporte coletivo da cidade continua de péssima qualidade. As cadeirinhas e os escravizados felizmente não mais existem, mas nada muito melhor foi colocado no lugar. Os ouro-pretanos pobres penam nos deslocamentos diários. Os ricos não se ocupam em querer melhorá-lo. A classe média finge que é rica. Os turistas não entendem como pode ser tão precário o transporte público de uma cidade tão bonita.

RUA
CARLOS THOMAZ
RUA
CLAUDIO MANOEL

Estamos no **século XXI**

Em 2005, é inaugurado em Belo Horizonte o magnífico Museu de Artes & Ofícios, instalado na antiga Estação Belo Horizonte da Estrada de Ferro Oeste de Minas, local onde permanecem operando uma estação de metrô e uma de trem. Uma de suas peças é uma balança baiana de pesar pessoas, datada de 1767.

Em 2010, o Censo Demográfico brasileiro registra uma população de 70.281 habitantes em Ouro Preto, menos que os 78.618 contados em 1776.

Neste mesmo ano de 2010, bem longe do Brasil, a European Commission lança o prêmio anual *Access City Award (ACA)* em parceria com a European Disability Forum (EDF) para reconhecer as cidades mais acessíveis da União Europeia. Todas as cidades com mais de 50 mil habitantes são incentivadas a participar. Para tanto, elas devem apresentar as atividades e estratégias concebidas para eliminar obstáculos e melhorar a qualidade de vida dos cidadãos. A expectativa dos organizadores é que as cidades inspirem umas às outras a melhorarem suas políticas e atividades no âmbito da acessibilidade.

Na primeira edição do *ACA* concorrem 66 cidades de 19 países. Quatro cidades, de três países, são selecionadas como finalistas: Ávila e Barcelona (Espanha), Colônia (Alemanha) e Turku (Finlândia). A agraciada com o primeiro lugar é Ávila, uma cidade com muralhas do século XI. Mostra-se ao mundo, assim, que acessibilidade e preservação de patrimônio não são direitos conflitantes. É possível garantir ambos de forma concomitante.

Entre 2014 e 2016, é elaborado o *Plano de Mobilidade Urbana de Ouro Preto*, atendendo a exigências da Lei Federal n.º 12.587/2012. Locomover-se na cidade, no entanto, continua não sendo tarefa fácil. Todos sabem que a desobstrução do trânsito no centro, notadamente no núcleo histórico, e a melhoria do transporte público são pontos estratégicos para um deslocamento confortável e seguro. O Plano elaborado contempla ações em diversos aspectos: transporte coletivo, sistema viário, rodovias, acessibilidade, tratamento de calçadas, ciclovias. O estudo inclui o tratamento dos problemas de mobilidade, não só para o momento atual, mas para os próximos dez anos. Este plano, no entanto, como o de tantas outras cidades, Brasil afora, permanece praticamente desconhecido.

Em 2017, é inaugurado o Louvre Abu Dhabi, projetado por Jean Nouvel. O Brasil Holandês de Franz Post admirado por turistas em um museu árabe projetado por um arquiteto francês é uma evidência de que o mundo vai ficando cada vez menor.

Na Europa, o concurso *ACA* prossegue ano a ano. Mais e mais cidades vão mostrando ao mundo que é possível uma cidade ser inclusiva e amigável com seus habitantes, sem colocar em risco suas riquezas. Em 2019, por exemplo, para reconhecer o *Ano Europeu do Patrimônio Cultural*, são atribuídos dois prêmios especiais a cidades que realizaram esforços notáveis para assegurar que seu patrimônio seja acessível a todos, sendo aberta a participação àquelas com menos de 50 mil habitantes. Os juízes do concurso premiam Viborg (Dinamarca) e Monteverde (Itália): ambas mostram um elevado grau de sensibilidade ao eliminar barreiras que dificultavam o acesso de pessoas com mobilidade reduzida a locais históricos.

Em 2020, a população estimada de Ouro Preto é de 74.558 pessoas, pouco mais que a registrada dez anos antes. Neste momento, Dalton Paula pinta o retrato de Narcisa Ribeiro com folha de ouro e óleo sobre tela.

Em 14 de dezembro de 2020, em plena pandemia de coronavírus, a Assembleia Geral das Nações Unidas (ONU) declara, em Genebra, o período 2021-2030 como a *Década do Envelhecimento Saudável*. Cidades, em várias partes do mundo, se mobilizam: elas sabem que decisões da ONU abrem janelas de oportunidades que não podem ser desperdiçadas. Ouro Preto está atenta e aproveitará o momento.

Em 2021, toma posse o prefeito de Ouro Preto que estará à frente da gestão da cidade até 2024. Ele anuncia que o *Plano Municipal de Mobilidade Urbana* precisa ser atualizado, determinando uma rigorosa revisão do que está em vigor.

Em 2022, pressionadas por forte crise nos transportes coletivos durante a pandemia do novo coronavírus, muitas cidades, mundo afora, implantam a *Tarifa Zero*. Uma delas é Mariana, vizinha de Ouro Preto.

Em 2022, o Museu de Arte de São Paulo Assis Chateaubriand (Masp) inaugura a exposição *Retratos Brasileiros*, de Dalton Paula. Uma das personalidades expostas, retratada em 2020, é Narcisa Ribeiro, que viveu em Vila Rica no século XVIII.

Depois de um período bastante turbulento na política, iniciado em 2016 com a deposição da presidenta eleita, o Brasil começa a voltar a alguma normalidade em 2023. A luz no fim do túnel é Luiz Inácio Lula da Silva, eleito em 30 de outubro de 2022 com 59.563.912 de votos.

A turbulência política perdura em 2023. Oportunistas tentam desestabilizar o novo governo. A democracia brasileira resiste.

Em 2023, é lançado o livro *Ouro Preto e o Futuro*. Nele há uma imagem de Narcisa Ribeiro, desta vez retratada pelo artista hispano-português M. Douro.

Em 2025, o prefeito de Ouro Preto, visionário, não perde tempo. O governante convoca toda a população para juntos assumirem uma meta ousada: transformar a mobilidade urbana da cidade. Ele propõe e os moradores aceitam: o transporte da cidade, tanto o público quanto o privado, tanto o individual quanto o coletivo, precisa cumprir duas funções principais, quais sejam, dar conforto a seus habitantes e aos turistas.

O prefeito ampara-se em especialistas que lhe mostram não ser necessário editar qualquer nova lei: basta fazer cumprir a legislação em vigor, em especial a Constituição da República de 1988 e a Lei Brasileira de Inclusão (LBI) de 2015. Alguns bem que tentam, com artimanhas e conchavos, com pareceres jurídicos encomendados e mandados de segurança, suprimir a exigência do "desenho universal como regra de caráter geral" no planejamento e na operação da mobilidade urbana, expressa claramente na LBI. Tentam, mas não conseguem.

Parceiros de peso, neste momento, são a rede LevanteBH, o Ministério Público do Estado de Minas Gerais (MPMG), o Ministério Público Federal (MPF) e a seccional mineira da Ordem dos Advogados do Brasil (OAB-MG). Essas entidades colocam-se ao lado da Prefeitura na disputa de narrativas e contra o falso dilema de que um sistema mais acessível seria caro e, por conseguinte, insustentável. A falta de consenso na identificação do problema central – a péssima qualidade do transporte – é uma aposta dos conservadores para emperrar a busca de soluções urbanísticas para a cidade. A insurgência ouro-pretana, no entanto, se impõe mais uma vez.

Soluções ousadas são debatidas democraticamente. Os inconfidentes ficariam orgulhosos de ver uma cultura cidadã se afirmando em Ouro Preto.

CONTINUAMOS NO SÉCULO XXI, AGORA NO ANO 2030

Os moradores de Ouro Preto já nem se lembram que, há cincos anos, em 2025, o então prefeito fez um pronunciamento histórico na Praça Tiradentes. Ele convocou a intelectualidade brasileira e mundial para ajudar a cidade a cumprir as metas estabelecidas localmente, aproveitando-se de um fato pontual.

Expliquemos. Em 2021, quatro anos antes desse pronunciamento, a 34ª Bienal de São Paulo promovera atividades artísticas em torno do famoso Sino de Ouro Preto. Ele fora tomado como um dos enunciados da Mostra, como um objeto significativo. Em torno do sino diversas obras foram distribuídas pelos curadores. Sua presença em dois momentos marcantes da história do país foi usada para mobilizar pesquisas sobre repetição, diferença, memória e futuro. À época, um vídeo mostrando esse sino foi instalado em uma das entradas do Pavilhão Ciccillo Matarazzo do Parque do Ibirapuera, para a exposição Vento, parte integrante da Bienal. Muitos foram os que pensaram estar diante do próprio sino.

O prefeito de Ouro Preto, no agora distante ano de 2025, agiu com coragem. Em seu discurso, no mesmo local em que fora exibida a cabeça do insurgente assassinado na Inconfidência Mineira, ele associou a morte de Tiradentes e a inauguração de Brasília à necessidade de reinvenção de Ouro Preto. Ele reafirmou, assim, a ousadia ouro-pretana.

O prefeito convidou artistas para se hospedarem em Ouro Preto. Um ponto de encontro passou a ser a Casa Mariana, onde viveram a poeta Elizabeth Bishop e a arquiteta Lota de Macedo Soares, edificação que teve sua construção iniciada sobre um rochedo, no século XVII.

A Casa Mariana foi especialmente emprestada pelos então proprietários para a ocasião. Ali os artistas se encontravam quando queriam, sem qualquer intervenção do Poder Público, apenas para conversar, tomar café com broa, saborear um pão de queijo, ver a paisagem e partilhar suas ideias.

A eles o prefeito pediu, tão somente, que fizessem o que sabiam fazer. Já dizia o poeta que "A arte existe porque a vida não basta". O resultado não poderia ser melhor. Desde então, exposições em todo o mundo homenageiam Ouro Preto, expondo as obras concebidas na cidade. Como bem já se disse: "A cidade favorece a arte, é a própria arte".

CONTINUAMOS NO SÉCULO XXI, AINDA EM 2030

Olhando para trás, ninguém hoje, em pleno 2030, é capaz de acreditar que a mobilidade urbana em Ouro Preto fosse tão ruim como dizem.

O serviço de transporte público hoje é outro. A frota foi totalmente substituída graças ao apoio do Banco de Desenvolvimento de Minas Gerais (BDMG), que criou uma linha especial de financiamento.

Para quem não se lembra, até 2025 o sistema de transporte coletivo era composto exclusivamente por ônibus movidos a óleo diesel, barulhentos e poluentes. Os elevadores nunca funcionavam, nem a pedido, para embarcar pessoas em cadeiras de rodas. Por incrível que possa parecer, os donos das empresas não deixavam que os motoristas acionassem os elevadores dos ônibus para que os equipamentos, supostamente, não se estragassem no contato com o calçamento de pedras das ruas.

Hoje, a frota do transporte coletivo é composta por ônibus elétricos, silenciosos e não poluentes, todos sem qualquer degrau de acesso, com um sistema sofisticado de suspensão que faz as viagens acontecerem sem solavancos. Os ônibus são todos de piso baixo e têm câmbio automático, com janelas amplas. Rampas automáticas instaladas nas portas - em ambos os lados do veículo - são projetadas até a calçada a cada ponto, para todos os passageiros embarcarem com conforto, segurança e autonomia.

A Prefeitura estabelece que a idade máxima dos ônibus é de cinco anos, de forma que a frota está sempre nova e com modelos cada vez mais modernos. As empresas de outras cidades passam a comprar da empresa ouro-pretana os ônibus que não podem mais operar na cidade. Os ônibus de piso baixo espalham-se, então, pelos sistemas de transporte das cidades vizinhas e deixam de ser uma novidade, impulsionando o mercado de ônibus. Uma grande multinacional de fabricação de veículos aproveita-se do novo mercado e lança modelos cada vez mais arrojados. Impulsionada a produção, caem rapidamente os preços dos veículos. O que se observa é que em diversas outras cidades históricas as comunidades locais iniciam suas próprias revoluções urbanísticas em parceria com as prefeituras. É o caso de Mariana, Tiradentes, Diamantina e muitas outras.

Os motoristas do novo serviço de ônibus estão sempre uniformizados e trabalham satisfeitos. Alguns até arriscam um *good morning* e um *bonjour* para os turistas. No verão, eles mantêm o ar-condicionado dos ônibus ligado nos horários mais quentes do dia, para o conforto deles e dos passageiros. Quando não faz calor excessivo, as janelas são abertas. O ar circula.

Os turistas podem comprar um cartão que lhes dá o direito de passear pela cidade, por todo lado, por um preço fixo. É o cartão "Sem limite - Ônibus - Turista".

Como os ônibus são confortáveis e seguros, ninguém precisa usar automóvel na cidade para ir a uma igreja, uma fonte, um restaurante. Os estacionamentos públicos ainda existem, mas com altos preços: parte da receita é direcionada ao financiamento do transporte coletivo. Há uma exceção: as pessoas com deficiência e com comprometimento de mobilidade recebem da Prefeitura um cartão de estacionamento gratuito e ilimitado para usar em toda a cidade. É o cartão "Sem limite - Automóvel - Pessoa com deficiência".

Aos poucos, todas as pessoas com mobilidade reduzida descobrem que já podem fazer incursões também pelas ruas.

Como ninguém quer que o patrimônio histórico de Ouro Preto seja destruído, mas todos sabem que uma cidade é para ser usufruída por todos, as soluções vão surgindo, uma após outra, aqui e ali. Isto se dá graças ao comando de duas arquitetas, uma pernambucana e uma paulistana, famosas por suas ousadias em Olinda e São Paulo, que assumem a Secretaria de Mobilidade Urbana de Ouro Preto. Elas contam com dois engenheiros mineiros igualmente arrojados. Os quatro profissionais trabalham em parceria permanente com o Instituto dos Arquitetos do Brasil (IAB), o Conselho de Arquitetura e Urbanismo de Minas Gerais (CAU-MG) e o Conselho Regional de Agronomia e Engenharia de Minas Gerais (Crea-MG).

Juntas, as instituições promovem em Ouro Preto concursos, oficinas, gincanas e outras formas de estimular a criatividade de arquitetos, engenheiros e *designers*. O Centro de Estudos Urbanos da Universidade Federal de Minas Gerais (Ceurb-UFMG) e a Ufop são parceiros de primeira hora. Seguem-se as parcerias com a Universidade de São Paulo (USP), a Georgetown Disability Alliance de Washington D. C., a Vrije Universiteit Brussel (VUB) dos Países Baixos, o Instituto Superior Técnico (IST) da Universidade de Lisboa e muitas outras instituições.

Outra importante parceria é com a Companhia de Engenharia de Tráfego de Belo Horizonte (CET-BH), sucessora da Empresa de Transportes e Trânsito de Belo Horizonte S.A. (BHTrans): um convênio de cooperação técnica entre órgãos estimula que as cidades de Belo Horizonte e Ouro Preto se apoiem mutuamente para efetivar o direito à acessibilidade com desenho universal na mobilidade urbana.

As inovações mais apreciadas pelos moradores são aquelas implantadas nos pontos de parada dos ônibus da cidade, todos revistos, um a um, para garantir conforto e segurança aos passageiros. Tudo começou com um concurso internacional de ideias para buscar padrões de abrigos que pudessem ser instalados nos pontos mais movimentados da cidade, em uma promoção conjunta do World Resources Institute (WRI Brasil) com o Institute for Transportation & Development Policy (ITDP Brasil). Dali para as muitas inovações foi um pulo.

As janelas amplas dos veículos permitem que os usuários sentados em suas cadeiras de rodas vejam todo o esplendor arquitetônico da cidade. Há dois espaços para cadeira de rodas em cada ônibus, com bancos escamoteáveis para os demais passageiros sentarem-se quando possível.

Saindo da pequena e charmosa rodoviária, denominada Terminal 8 de Julho, na Praça Tancredo Neves, os ônibus elétricos se dirigem à Praça Tiradentes pela Rua Padre Rolim, uma das vias mais importantes de acesso ao núcleo histórico.

Diversos são os turistas que desembarcam já na Praça Tiradentes, para ficar um tempo observando duas maravilhas: o Museu da Inconfidência, instalado no prédio da antiga Casa de Câmara e Cadeia, cujo projeto é inspirado no Capitólio de Roma, e o Museu de Ciência e Técnica, instalado no antigo Palácio dos Governadores, que se apresenta como uma fortaleza.

O ônibus segue seu caminho. À direita, pela Rua Senador Rocha Lagoa, antiga Rua das Flores, vê-se o Grande Hotel de Ouro Preto, projetado na década de 1940 por Oscar Niemeyer, mesclando linhas modernas e coloniais. Prosseguindo em direção ao Largo do Rosário, pela Rua São José, também conhecida como a "rua dos bancos", os turistas deslumbram-se com a que é considerada uma das mais preservadas ruas da cidade. À direita, eles veem a antiga Casa dos Contos, casarão construído entre 1782 e 1784.

Ao longo do trajeto dos ônibus, um alto-falante indica, em português, os monumentos históricos e edificações mais importantes. Os turistas estrangeiros acessam um aplicativo que lhes permite escutar a mesma informação em outras línguas. O mesmo aplicativo permite que as pessoas com deficiência auditiva acessem vídeos em Língua Brasileira de Sinais (Libras). Todos ficam extasiados com a narração inclusiva, não apenas as pessoas com deficiência visual.

Voltando à Praça Tiradentes pela Rua Conde de Bobadela, antiga Rua Direita, de dentro do ônibus elétrico são vistos muitos restaurantes, bares e pousadas.

Os turistas que descem do ônibus na Praça Tiradentes podem tomar outro veículo, que segue pela Rua Barão de Camargos em direção à cidade de Mariana, levando-os à Mina de Ouro da Passagem, a maior jazida de ouro aberta à visitação pública do mundo. O percurso dentro da mina tem 315 metros de extensão e chega a 120 metros de profundidade. Os horários de volta ao centro de Ouro Preto são definidos de forma a permitir que todos façam tranquilamente a visita, sem atropelos. Quem não quer entrar na mina fica por ali mesmo, na entrada, relaxando em uma confortável cafeteria.

O retorno à Praça Tiradentes permite novos passeios. Atravessando a Praça e tomando a Rua Cláudio Manoel, em direção ao Largo Marília de Dirceu, de dentro do ônibus pode-se ver a Ponte de Antônio Dias. Uma opção é tomar outra linha de ônibus que segue pela Rua Conde de Bobadela, que mais adiante recebe o nome de Rua Conselheiro Quintiliano. No número 546 desta Rua está situada a Casa Mariana. Ao assim batizar a casa, Elizabeth Bishop homenageou Marianne Moore, escritora estadunidense, sua amiga e incentivadora. A casa, com mais de 500 m² de área construída, ocupa um grande terreno com vista das montanhas e da cidade. O local, de grande beleza, está dividido em uma série de terraços constituídos de muros de pedra ornados por jardins e pomares.

Para os turistas que preferem não tomar novo ônibus na Praça Tiradentes, há a opção de belas visadas. Atrás do Museu da Inconfidência, por exemplo, vislumbra-se um vale onde, ao fundo, passam os trilhos da estrada de ferro. Na encosta, do outro lado do vale, está a Vila Aparecida, onde encontra-se a Casa dos Inconfidentes. Ela pertenceu a José Álvares Maciel e firmou-se como um dos locais das reuniões dos inconfidentes. Antes de ser transformada em museu em 2010, com amplo e rico acervo mobiliário, funcionou como casa de hóspedes da Prefeitura. É daquela época que provém sua fama de casa mal-assombrada, pois muitos que lá se hospedaram se queixaram de ruídos de móveis sendo arrastados durante a noite.

PRAÇA TIRADENTES

O novo serviço de ônibus, com seus muitos percursos, faz tanto sucesso entre os turistas que eles descem de um veículo de uma linha para, em seguida, pegar outra linha. A quantidade de viagens aos domingos é grande, tal é o movimento. Um detalhe: os quadros de horários são programados para ninguém viajar em pé, permitindo que todos os passageiros vejam a paisagem pelas amplas janelas.

Em nenhum ônibus da cidade há roletas para controlar o pagamento da tarifa. Não há trocadores nem cobrança em dinheiro pelos motoristas. Os cartões de transporte, sem os quais não é possível usar o serviço, são validados no momento do embarque. Não há registros de fraude.

Os preços do transporte coletivo são definidos de forma inteligente. Todo dia 21 de abril, por exemplo, ele é gratuito, embora seja difícil circular na cidade nesse dia, mesmo a pé. A capital de Minas Gerais permanece sendo transferida para Ouro Preto nessa data, todos os anos. Muitas comemorações acontecem, políticos de todos os espectros querem ser vistos na cidade.

A tarifa do transporte coletivo nos dias úteis é mais alta nos horários de pico, para estimular a desconcentração e baixar o custo final do serviço. É bem verdade que os empregadores reclamaram dessa regra, quando ela foi instituída, alegando que o custo do vale-transporte ficaria proibitivo. Alguns ameaçaram demitir trabalhadores, mas o prefeito não recuou. Com o tempo, as grandes empresas mantiveram seus horários e incorporaram os custos. Os pequenos empresários ajustaram seus horários de entrada/saída dos empregados e tiveram até lucro com o custo menor na compra dos vales-transportes.

A tarifa dos ônibus não é vinculada à extensão do percurso realizado pelo passageiro, privilegiando os que moram mais longe, subsidiados pelos que fazem deslocamentos mais curtos. Isso levou os empresários a não mais condicionarem a contratação do empregado em função do seu local de moradia. Até então, quando a tarifa dos distritos era mais alta que a tarifa da sede, era comum o empregado mentir sobre seu local de moradia para garantir um emprego e, assim, ter de arcar sozinho com a diferença do preço da passagem.

A tarifa nos finais de semana é mais alta que a fixada nos dias úteis, o que não é um problema para os muitos turistas. O que eles querem é conhecer cada recanto da cidade. Os que usam o cartão "Sem limite - Ônibus - Turista" aproveitam ainda mais: eles descem em um ponto, tomam um café numa padaria e depois tomam o ônibus da mesma linha. Os comerciantes estão satisfeitos com o movimento.

O preço da passagem para uso do transporte coletivo pelos ouro-pretanos é baixo, quase simbólico. Cada morador tem o seu cartão "Sem limite - Ônibus - Morador". Dizem até que o prefeito anda pensando em implantar a *Tarifa Zero* para os moradores, seguindo os passos de outras cidades mundo afora.

A cidade conta também com um moderno serviço de táxi elétrico para aqueles que querem e estão dispostos a pagar por um serviço de maior preço. Todos os veículos são obrigados a oferecer desenho universal e capacidade para transporte de, pelo menos, uma cadeira de rodas. Em Ouro Preto são os motoristas de aplicativos que reclamam da concorrência dos táxis, pois poucos usuários os acionam. O uso de aplicativos não é proibido na cidade, mas regulado - e taxado - pela Prefeitura.

Além dos itinerários fixos, amplamente divulgados, conhecidos e facilmente acompanhados por aplicativos, o transporte coletivo da cidade oferece serviços denominados "sob demanda". Ele é oferecido nos horários de menor movimentação, como nas madrugadas, por meio de uma gestão eficiente e sempre alerta ao que querem e precisam os usuários. Atenta à necessidade de profissionais de alta capacitação em seus quadros, há tempos a Prefeitura abriu concurso público e tem um *staff* altamente qualificado, composto principalmente por alunos formados na própria cidade.

Sobre a Ufop, é bom destacar que a Prefeitura trabalha em sintonia com ela. A cidade é, hoje, um campo aberto a investigações científicas, suscitando permanentemente o surgimento de melhorias dos serviços públicos em geral, não apenas dos transportes, mas também da saúde, da educação etc. A sinalização de trânsito de toda a cidade foi totalmente revista, placa a placa. A sinalização indicativa de locais turísticos também foi revista, usando-se pictogramas de fácil identificação por qualquer pessoa. Buscando atender às pessoas surdas não alfabetizadas em português, todos os turistas foram contemplados.

A fiscalização para garantia do cumprimento das proibições e permissões de trânsito passou a ser feita com o apoio de tecnologia de ponta. Poucos se atrevem a descumpri-las. A cidade se orgulha de ser um lugar onde a legislação é cumprida pela maioria dos motoristas. O resultado é uma quantidade cada vez menor de autuações.

Nas travessias de pedestres semaforizadas da cidade os sinais sonoros são sincronizados com os sinais luminosos, nas 24 horas do dia, sem o uso de botoeiras. O volume do som desses sinais é ajustado automaticamente em função do ambiente, não incomodando os moradores durante a noite. Nas faixas zebradas sem semáforos a preferência é sempre dos pedestres e o número de mortos no trânsito foi zerado há alguns anos. As pessoas com deficiência visual podem, finalmente, se deslocar pela cidade com segurança e autonomia.

Ouro Preto orgulha-se de ser cidade-irmã de Lüdenscheid, na Alemanha, que com seus 75 mil habitantes zerou o seu número de mortos na década passada. A Prefeitura implantou grandes painéis nas entradas da cidade, atualizados diariamente. Quem chegar hoje em Ouro Preto lerá: *Você está entrando em uma cidade sem mortos no trânsito há 487 dias. Ajude-nos a ampliar esta marca.*

Turistas que não querem se hospedar em hotéis têm à sua disposição uma rede de casas que alugam quartos. Isto dá uma renda extra aos moradores que gostam e querem receber turistas. É um serviço simples, sem luxos, mas confortável. Os profissionais da Saúde já detectaram que tal prática melhorou a saúde física e mental de muitas pessoas idosas, pois retirou-as do isolamento. O International Longevity Center (ILC) instalou sua sede brasileira na cidade e vem participando ativamente de ações que buscam melhorar a qualidade de vida da população local.

A linha de trem de passageiros ligando Belo Horizonte a Ouro Preto foi recentemente ativada oferecendo viagens diárias. Na capital mineira elas partem da famosa Praia da Estação, local de convulsão social nos anos 2010, quando ainda era denominado Praça da Estação.

PRAIA DA ESTAÇÃO

Essa viagem, por si só, é um acontecimento. Há pessoas que fazem o percurso de ida/volta no mesmo dia, partindo de Belo Horizonte ao raiar do dia e retornando de Ouro Preto antes do pôr do sol.

Os turistas estrangeiros, em sua quase totalidade, agora chegam à cidade por esse meio de transporte. Quando compra a passagem em Belo Horizonte, o visitante opta pelo chamado "bilhete turístico", que lhe dá direito ao traslado de chegada e de partida. Antes de embarcar, o turista é orientado a aproveitar o tempo livre para conhecer o Museu de Artes & Ofícios, instalado ali mesmo, na antiga Praça da Estação. Dentre muitas curiosidades, ele verá uma estranha balança.

OURO PRETO

Ao desembarcar na Estação Ferroviária de Ouro Preto, o turista é esperado por um táxi para levá-lo ao hotel. Ele entrega ao motorista, uniformizado e bem-humorado, um *voucher* de pagamento que o taxista, mais tarde, resgatará. O mesmo turista agendará, na própria recepção de seu hotel, o horário em que um novo táxi o trasladará no dia de sua partida. As locadoras de automóvel reclamam da concorrência, pois ninguém mais quer alugar veículos em Belo Horizonte para conhecer Ouro Preto.

Os turistas aficionados em ferrovias têm um presente a mais, quando desembarcam em Ouro Preto, vindos de Belo Horizonte: a estação. Ela está situada na Praça Cesário Alvim, na região da Barra, a mais plana da cidade. É como voltar ao passado. Ao longo da semana eles certamente não perderão uma visita à vizinha cidade de Mariana, em um trem que, desde 2027, parte da mesma estação: um passeio inesquecível tendo paisagens deslumbrantes como cenário. No caminho, o trem passa pela encantadora Estação Victorino Dias, antiga Tombadouro, aberta em 1914.

A cultura tem lugar de destaque na cidade. Famosos violinistas, flautistas e harpistas querem dar seus concertos nas famosas igrejas barrocas de Ouro Preto. Isto dá prestígio às suas carreiras. Há o Festival Mozart, o Festival da Primavera e muitos outros, em um calendário espalhado ao longo do ano. Outras manifestações culturais não ficam para trás, como o teatro e o cinema. A antiga Ópera de Vila Rica, hoje Teatro Municipal de Ouro Preto, é o mais antigo teatro em funcionamento das Américas e tem extensa programação.

Os automóveis particulares sem placa de Ouro Preto pagam altos preços de pedágio urbano. A intenção é clara: forçar o visitante a pagar uma única entrada e uma única saída da cidade, deixando seus automóveis estacionados nas garagens dos hotéis ou em estacionamentos nas entradas da cidade. O transporte coletivo de qualidade dá o impulso que falta aos indecisos, para que não circulem com seus automóveis. A cidade agradece.

Com táxis e ônibus silenciosos circulando e com menos tráfego de automóveis particulares, a cidade fica mais silenciosa, o canto dos pássaros volta a ser percebido. Por vezes, ouve-se ao longe o mugido de um touro.

UM ANO SE PASSA, E ESTAMOS EM 2031

A ONU lança o balanço mundial do alcance das metas dos Objetivos do Desenvolvimento Sustentável (ODS) traçadas em 2015, por 195 nações, como uma aposta de um mundo melhor para todas as pessoas. Em paralelo, a Organização Mundial de Saúde (OMS) lança o balanço da *Década do Envelhecimento (2021-2030)*.

Em ambos os balanços, Ouro Preto é reconhecida como exemplo a ser seguido. Ela alcançou as metas definidas e, por conseguinte, melhorou a qualidade de vida de seus habitantes, em especial dos mais idosos.

Em uma cerimônia promovida pela União Europeia, Ouro Preto recebe uma condecoração especial do *Access City Awards*. É a primeira vez na história do prêmio que se agracia uma cidade não europeia. A antiga Cidade Imperial tem agora o título de Cidade Internacional. Há rumores de que o Papa Francisco II visitará Ouro Preto para conhecer uma famosa coleção do Museu do Oratório, que agora funciona em uma *joint venture* com o Museu do Vaticano. Os moradores estão alvoroçados.

ESTAMOS AGORA, FINALMENTE, EM 2040

Em Ouro Preto é inaugurada, no Largo Marília de Dirceu, uma imponente estátua de bronze, ouro e pedras preciosas. Seus olhos são duas brilhantes turmalinas. O artista é M. Douro, que mais uma vez imortaliza Narcisa Ribeiro, aquela que, no século XVIII, escandalizou a cidade. A estátua homenageia a ousadia de alguém que, à época, queria apenas vestir-se e comportar-se como as mulheres brancas burguesas.

A estátua é recebida pela Prefeitura local como um presente do Instituto Moreira Salles (IMS) e do The Legacy Museum de Montgomery (Estados Unidos). Ao pé da estátua, em uma placa, lemos um antigo ditado iorubá: *Exu matou um pássaro ontem com uma pedra que só jogou hoje*. Quem passa pelo local precisa saber que não basta derrubar estátuas dos escravagistas do passado, é preciso erguer novas estátuas para a posteridade.

Os ouro-pretanos assistem à cerimônia da União Europeia por meio de um grande telão. Bandeiras tremulam. Uma autoridade europeia dá a palavra ao prefeito de Ouro Preto, que está em Genebra especialmente para receber a condecoração. As câmeras voltam-se para ele. Em silêncio, ele faz um sinal. As câmeras e os microfones voltam-se para Ouro Preto: todos os sinos de todas as igrejas e de todas as capelas de Ouro Preto começam a dobrar. Dentre eles, toca o sino da Capela de Nossa Senhora do Rosário dos Homens Brancos.

Os moradores locais percebem que o Sino de Ouro Preto, desta vez, tem um novo som, menos opaco, mais vibrante. Diferente dos sons que dele saíram, em 1792 e em 1960, o que agora se ouve impulsiona a flecha do tempo. Uma cidade barroca precisa ter ousadia para se perpetuar. É imperativo ser insurgente na gestão da mobilidade urbana.

Organizações religiosas ameaçam explodir a estátua, alegando ser um ultraje a outras estátuas douradas: a francesa de Santa Joana d'Arc em Paris e a italiana de Nossa Senhora em Assis. Organizações políticas reacionárias aderem à ameaça, alegando que a estátua é uma propaganda comunista, pois o artista que a idealizou teria participado da restauração da Estátua da República reinaugurada no Capitólio de Havana em 2023 após receber uma fina camada de ouro de 24 quilates.

Enfrentando reações, a ONU instala em sua sede, em Nova York, uma réplica da estátua de Narcisa Ribeiro para comemorar a aprovação do documento final da *Agenda 2050 - Cuidar uns dos outros: transformar o mundo legalizando o amor e outras drogas menos intensas*. Alguns países se recusam a assiná-la. E segue a luta...

Posfácio

Esperança como impulso

Ter esperança é uma questão de ética. Pode soar ingênua ou até absurda tal afirmação. Pode gerar incômodo. Como ter esperança em uma crise social, econômica e humana tão concreta e dura como a que encontramos no início da década de 2020? Como pedir esperança para quem meramente sobrevive enfrentando ônibus lotados, suporta condições de trabalho precárias e mal tem tempo para respirar? Pois é justamente na capacidade e, mais que isso, no compromisso em acreditar em mundos melhores que reside a saída para o labirinto de urgências em que acabamos presos.

Porque a outra alternativa é o cinismo. Ao deixar de ver e acreditar em caminhos, a gente corre o risco de acabar confinado na ideia de que as coisas são como são e pronto. Se não é possível mudar nada, não faz sentido pensar em construções coletivas, solidariedade, ecologia, justiça social e redução da desigualdade. Se não há esperança, para que cuidar da natureza, ensinar (e aprender com) a gente mais jovem, valorizar e respeitar a vida? Melhor competir para sobreviver a qualquer custo, cuidar de si mesmo e deixar tudo ao redor colapsar.

Pode soar deslocado falar de esperança no posfácio deste bonito livro de Marcos Fontoura e Ronaldo Gouvêa, mas o que eles fazem é justamente isto: cultivar esperança. No resgate histórico e valorização da cultura de Ouro Preto fortalecem as raízes, ajudam a relembrar e arejar bases sólidas de um passado memorável. Acompanham a evolução de cada parte, com um carinho artesanal, como dois camponeses zelosos de um cultivo delicado. Descrevem com cuidado como a Vila Rica de Albuquerque, depois chamada Vila Rica de Nossa Senhora do Pilar, cresce até tornar-se Ouro Preto. Narram como a cidade cresce, suas construções imponentes, as mudanças no sistema de transporte. Um agradável passeio pelo passado, guiado pela sensibilidade dos dois autores.

É, porém, nos capítulos finais, ao imaginar futuros possíveis, que a esperança floresce com vigor. Para ter esperança é preciso imaginar e, ao projetar as décadas seguintes, abrindo horizontes incríveis que encantam e entusiasmam, os dois conseguem semear novas utopias. Quem, ao ler a descrição do ônibus elétrico com piso baixo e janelas amplas, não quer andar no veículo, visualizando com conforto todas as construções históricas e o cenário espetacular de Ouro Preto? A arte tem o papel de perturbar, emocionar, subverter. Mais do que função meramente estética, tem papel político também, precisa estimular sonhos e mexer com sentimentos. Marcos e Ronaldo são dois artistas, no melhor sentido da palavra. Artistas com a capacidade de esperançar, no sentido de dar esperança, conforme a conjugação proposta pelo educador Paulo Freire.

Dos futuros possíveis, arrisco só incluir mais uma utopia no livro. Por que, em vez de um bilhete "Sem Limite" com cobranças módicas pelo uso do transporte público, não imaginar Ouro Preto com um transporte público gratuito e universal, tal qual o adotado pela cidade-irmã Mariana? Para que cobrar de moradores e turistas, se podemos sonhar com uma rede aberta, operando com excelência e qualidade, com rotas regulares, pontualidade e conforto como premissas respeitadas e garantidas?

Subsidiar integralmente o transporte garantindo acesso universal e gratuito é a melhor maneira de consolidar uma mudança de paradigma. Em vez de subsidiar a expansão e manutenção da infraestrutura para carros e motos, que geram externalidades e tornam a vida nas cidades pior, melhor destinar recursos públicos para custear as redes. Menos pontes, viadutos, alargamento de avenidas e mais dinheiro para garantir que as pessoas circulem com eficiência e conforto. Assumir que as redes públicas de transporte coletivo podem ser deficitárias e devem ser custeadas é o primeiro passo. Uma transição modal com mais gente trocando carros e motos por ônibus, trens e bondes (que tal bondes em Ouro Preto?) geraria impactos tão positivos, em termos sociais, ambientais e humanos, que daria para alimentar esse tipo de sonho até em médio prazo.

Infraestrutura gera demanda. Se tivermos mais calçadas e ciclovias, teremos mais pedestres e ciclistas. Mais viadutos e avenidas largas, mais carros. Mais redes de ônibus, mais pessoas no transporte coletivo. Na cidade vizinha Mariana, cabe destacar, o sistema de transporte público coletivo mais do que dobrou de tamanho com a adoção do Passe Livre Universal. Antes da pandemia de Covid 19, em janeiro de 2020, o volume de passageiros em Mariana era praticamente metade do que em Ouro Preto. Assim que o Programa Tarifa Zero teve início em fevereiro de 2022, a rede de Mariana superou a de Ouro Preto de maneira permanente. Cabe a comparação entre as duas cidades que têm quase o mesmo tamanho (Mariana tem 1.194 km^2 e Ouro Preto 1.245 km^2) e quase a mesma densidade populacional (Mariana tem 45,4 hab./km^2 e Ouro Preto 56,4 hab./km^2). Criar redes acessíveis e de qualidade é chave para um futuro menos poluído e congestionado.

E por que não pensar em um sistema tão eficiente que, efetivamente, as pessoas passassem a se questionar sobre a necessidade de usar carros e motos na cidade? Por que não sonhar com a multiplicação de áreas livres de carros? O fato de Ouro Preto estar repleta de construções históricas só reforça essa urgência. Na Itália, foi a preocupação na década de 1970 em frear a degradação de edifícios e construções históricas que levou à criação de Zonas de Tráfico Limitado (ZLT). Multiplicaram-se no país medidas que incluem limitar o tamanho das ruas e criar zonas exclusivas para pedestre; limitar a circulação de veículos motorizados a horários específicos; permitir acesso e estacionamento apenas para moradores, pessoas com deficiência e veículos de emergência; determinar horários específicos para entregas de mercadorias; impor limites de velocidades de 30 km/h; entre outras.

Preservar, valorizar e respeitar o passado e, ao mesmo tempo, abrir o caminho para um futuro mais justo social e ambientalmente. Imaginar realidades e perseguir utopias. Ao ter o cuidado de não apenas destacar, contar, selecionar, lembrar e manter viva a história da cidade, os dois autores prepararam terreno fértil para ideias ousadas e propostas concretas de mudanças. Que o livro inspire gestores e gestoras, organizações da sociedade civil, a academia e movimentos sociais a imaginarem soluções. Que entusiasme e faça as pessoas se envolverem na construção coletiva de uma nova Ouro Preto. Com sonhos tão ousados quanto os da dupla.

Obrigado por compartilharem esperança com a gente, Marcos e Ronaldo.

Daniel Santini

Referências, créditos e homenagens

REFERÊNCIAS[1]

ALMEIDA, Ana Tereza. Praia da Estação comemora 10 anos no local onde ganhou força: na internet. *G1*, Belo Horizonte, 26 dez. 2020.

ASSIS, Joaquim Maria Machado de. *Quincas Borba*. São Paulo: W. M. Jackson Inc., 1944. (Machado de Assis, v.6).

BRASIL. Constituição da República Federativa do Brasil de 1988, de 5 de outubro de 1988. *Diário Oficial da União - DOU*, Brasília, 5 out. 1988.

BRASIL. Lei n.º 13.146, de 6 de julho de 2015. Institui a Lei Brasileira de Inclusão da Pessoa com Deficiência (Estatuto da Pessoa com Deficiência). *Diário Oficial da União - DOU*, Brasília, 7 jul. 2015.

BRASIL. Lei n.º 12.587, de 3 de janeiro de 2012. Institui as diretrizes da Política Nacional de Mobilidade Urbana; revoga dispositivos dos Decretos-Leis n.ºs 3.326, de 3 de junho de 1941, e 5.405, de 13 de abril de 1943, da Consolidação das Leis do Trabalho (CLT), aprovada pelo Decreto-Lei n.º 5.452, de 1º de maio de 1943, e das Leis n.ºs 5.917, de 10 de setembro de 1973, e 6.261, de 14 de novembro de 1975; e dá outras providências. *Diário Oficial da União - DOU*, Brasília, 4 jan. 2012.

1 Informações detalhadas de cada documento, incluindo acesso *on-line* quando possível, estão disponíveis na Biblioteca do LevanteBH (https://levantebh.com.br/biblioteca-do-levante-bh/).

BRASIL. Decreto n.º 7.612, de 17 de novembro de 2011. Institui o Plano Nacional dos Direitos da Pessoa com Deficiência - Plano Viver sem Limite. *Diário Oficial da União - DOU*, Brasília, 18 nov. 2011.

BRASLAVSKY, Cecilia (Org.). *Aprender a viver juntos:* educação para a integração da diversidade. Tradução: José Ferreira. Brasília: UNESCO, IBE, SESI, UnB, 2002.

DEBRET, Jean-Baptiste. *Voyage pittoresque et historique au Brésil, ou Séjour d'un Artiste Français au Brésil, depuis 1816 jusqu'en 1831 inclusivement, époques de l'Avenement et de l'Abdication de S. M. D. Pedro 1er, fondateur de l'Empire brésilien.* Paris: Firmin Didot Frères, 1839. tome troisième, p.123-124 - Une Dame, dans da Caderinha, allant à la messe.

EUROPEAN COMMISSION. *Access City Award 2011*: Making Europe's urban environment accessible for all. Luxembourg: Publications Office of the European Union, 2011.

EUROPEAN COMMISSION. *Access City Award 2019*: Examples of best practice in making EU cities more accessible. Luxembourg: Publications Office of the European Union, 2019.

FANAN, Levi; FUNDAÇÃO BIENAL DE SÃO PAULO. Vídeo que apresenta o enunciado Sino de Ouro Preto na exposição Vento, parte da 34ª Bienal de São Paulo (fotografia). In: BIENAL de São Paulo, 34ª: faz escuro, mas eu canto. Live "As vozes dos artistas #3: em torno do Sino de Ouro Preto". São Paulo, 2021.

FAUSTO, Boris. *História do Brasil*. São Paulo: USP, 1995.

FERREZ, Marc. *O mercado e a Igreja de São Francisco, obra de Aleijadinho*. Ouro Preto, 1880. Coleção Gilberto Ferrez/ Acervo do Instituto Moreira Salles (IMS).

FUNDAÇÃO BIENAL DE SÃO PAULO (Org.). *Primeiros ensaios*: publicação educativa da 34ª Bienal de São Paulo. Curadoria: Jacopo Crivelli Visconti. São Paulo: Bienal de São Paulo, 2020.

GOMES, Laurentino. *Escravidão*: da corrida do ouro em Minas Gerais até a chegada da corte de dom João ao Brasil. Rio de Janeiro: Globo, 2021.

GONZALEZ, Eleonor. El antes y el después de la estatua de La República en el capitolio cubano. *On Cuba News*, La Havana, julio 25, 2019.

INSTITUTO BRASILEIRO DE GEOGRAFIA E ESTATÍSTICA - IBGE. *Cidades / Ouro Preto*. População / 2010. Brasília: IBGE, 2020.

LAMONIER, Randolpho. *Legalizamos o amor, 2019*. São Paulo: Pinacoteca de São Paulo, 2019.

LOUVRE COLLECTIONS. *La demeure d'un labrador » (planteur de canne à sucre), dit auparavant Le Village de Serinhaem (en Pernambouc)*. Dénomination / Titre; Description / Décor; Historique de l'œuvre. Paris, 2020.

MACHADO, Lourival Gomes. *Barroco mineiro*. São Paulo: Perspectiva, 1978.

MARTINS, Geraldo Majela. *O perfume das acácias*. Belo Horizonte: Casa Cambuquira, 1997.

MELLO, Suzy de. *Barroco*. São Paulo: Brasiliense, 1983.

MOCKUS, Antanas. La educación para aprender a vivir juntos: convivência como armonización de ley, moral e cultura. *Perspectivas - revista trimestral de educación comparada*, v.32, n.1, p.19-37, março 2002.

MOCKUS, Antanas. Ampliación de los modos de hacer política. *La démocratie em Amérique latine: um renouvellemente du personnel politique?* Colloque CERI, 2-3 décembre 2004.

MOCKUS, Antanas. Entrevista a André Carvalho - Antanas Mockus propõe cultura cidadã para a transformação social. *Sul 21*, 5 dez. 2011.

MONTERADO, Lucas de. *História da arte*. Rio de Janeiro: Livros Técnicos e Científicos, 1978.

MOTA, Carlos Guilherme; LOPES, Adriana. *História do Brasil*: uma interpretação. 4. ed. São Paulo: Ed. 34, 2015.

MUMFORD, Lewis. A cidade favorece a arte, é a própria arte. In: ARGAN, Giulio Carlo. *História da arte como história da cidade*. São Paulo: Martins Fontes, 1995, p.73.

NEMER, José Alberto Nemer. Entrevista concedida a Humberto Werneck. In: FESTA LITERÁRIA INTERNACIONAL DE PARATY - FLIP; SERVIÇO SOCIAL DO COMÉRCIO DE SÃO PAULO - SESC/SP. Ciclo da Autora Homenageada: Elizabeth Bishop - FLIP + SESC. on-line, 2020.

OLIVEIRA, Marcos Fontoura de; GOUVÊA, Ronaldo Guimarães. Mobilidade urbana em Ouro Preto: ousadia como estratégia. *Barroco*, Belo Horizonte, edição eletrônica n.1, p.-60-75, 2021.

OLIVEIRA, Rua. Inteligência artificial já recria e faz obras de arte, e os artistas nisso? *Til-Uol*, 1º ag. 2023.

ORGANIZAÇÃO PAN-AMERICANA DA SAÚDE - OPAS. Home page. *Assembleia Geral da ONU declara 2021-2030 como Década do Envelhecimento Saudável*. Genebra, 2020.

PAULA, Dalton. *Narcisa Ribeiro, 2020*. Folha de ouro e óleo sobre tela [gold leaf and oil on canvas], Coleção particular [private collection], Nova York, Estados Unidos [New York, United States], 2020.

PAULA, Dalton. *Daltan Paula*: retratos brasileiros / brazilian portraits. Organização editorial e curadoria: Adriano Pedrosa, Glaucea Helena de Britto, Lilia Moritz Schwarcz. Textos: Adriano Pedrosa et. al. São Paulo: MASP, 2022. (catálogo de exposição, São Paulo, 29 de julho a 29 de outubro de 2022, Museu de Arte de São Paulo Assis Chateaubriand - Masp).

POST, Frans. *La demeure d'un planteur de canne à sucre au Brésil ou La demeure d'un "labrador" (planteur de canne à sucre) au Brésil, dit auparavant à tort Le village de Serinhaem (Pernambouc) / The Residence of a Sugarcane Planter in Brazil*. Oil on canvas, 1650-1655. Paris, Musée du Louvre, 2020.

RIBEIRO, Wagner. *Noções de cultura mineira*. São Paulo: FTD, 1966.

ROSA, João Guimarães. *Grande Sertão: Veredas*. 16.ed. Rio de Janeiro: Nova Fronteira, 1984.

SANTANA, Mônica. *Uma leitura dos búzios*. Direção, encenação, concepção de espaço e codramaturgismo: Márcio Meirelles. Idealização: Sesc São Paulo. São Paulo: Sesc Vila Mariana, 2022.

SCHWARCZ, Lilia Moritz; STARLING, Heloísa Murgel. *Brasil*: uma biografia. São Paulo: Companhia das Letras, 2015.

SENHORA na liteira com dois escravos. Salvador, 1860 circa. Autoria não identificada / Acervo do Instituto Moreira Salles (IMS).

SHAFIC, Minouche. *Cuidar uns dos outros*: um novo contrato social. Tradução: Paula Santos Diniz. Rio de Janeiro: Intrínseca, 2021.

SOARES, Raimundo. Felicidade, dúvidas e apelos: veja como foi o primeiro dia de ônibus gratuito em Mariana. *Mais Minas*, Mariana/MG, 2022.

TRIBUNAL SUPERIOR ELEITORAL (TSE). Home page. *Lula é eleito novamente presidente da República do Brasil*. Brasília, 2022.

VAIVÉM / TO-AND-FRO. Curadoria: Raphael Fonseca. São Paulo: Conceito, 2019. (catálogo de exposição, Centro Cultural Banco do Brasil - CCBB: São Paulo, CCBB-SP, de 22 de maio a 29 de julho de 2019; Brasília, CCBB-Brasília, de 3 de setembro a 10 de novembro de 2019; Rio de Janeiro, CCBB-RJ, de 27 de novembro de 2019 a 17 de fevereiro de 2020; Belo Horizonte, CCBB-BH, de 11 de março a 18 de maio de 2020).

VASCONCELLOS, Sylvio de. *Arquitetura no Brasil*: pintura mineira e outros temas. Belo Horizonte: Escola de Arquitetura da UFMG, 1959.

VASCONCELLOS, Sylvio de. *Vila Rica*. São Paulo: Perspectiva, 1977.

A VIDA NÃO BASTA. Documentário. Roteiro: Caio Tozzi. Direção: Pedro Ferrarini. Brasil, 2013, vídeo, cor, 85'.

WILDE, Oscar. O príncipe feliz – The happy prince. In: WILDE, Oscar. *Obra completa*. Tradução, organização e anotação: Oscar Mendes. Rio de Janeiro: Aguilar, 1961 [5ª reimpressão em 1995], p.236-237.

ZACCAGNINI, Carla. Do sino à sina. In: FUNDAÇÃO BIENAL DE SÃO PAULO (Org.). *Primeiros ensaios*: publicação educativa da 34ª Bienal de São Paulo. Curadoria: Jacopo Crivelli Visconti. São Paulo/SP: Bienal de São Paulo, 2020, pp.123-130.

CRÉDITOS DAS IMAGENS

Ilustrações de Marcelo Fontoura de Oliveira (2023)

Capa Ouro Preto vista da janela do quarto de Yayoi Kusama no Seiwa Hospital em Tóquio, Japão.

p. 13 Montanhas de Minas Gerais no século XVII em homenagem a Franz Post.

p. 14 Luís XIV de França observa quadro de Frans Post, recebido como presente de Maurício de Nassau em 1655.

p. 16 Bandeirantes chegam a Minas Gerais em 1696.

p. 19 Ouro Preto do século XVIII em homenagem a Francisco de Goya.

p. 22 Narcisa Ribeiro caminha pelas ruas de Ouro Preto em 1747.

p. 27 Ouro Preto do século XIX em homenagem a Paul Cézanne.

p. 35 Ouro Preto do século XX em homenagem a Edward Hopper.

p. 41 Ouro Preto do século XXI em homenagem a Yayoi Kusama.

p. 43 Pessoa em cadeira de rodas passeia pelas muralhas de Ávila, Espanha.

p. 44 Louvre Abu Dhabi ao alvorecer em 2017.

p. 47 Cidade de São Paulo em 2022.

p. 51 Casa Mariana em Ouro Preto no ano 2030.

p. 53 Ônibus em operação em Ouro Preto no ano 2030.

p. 55 Pessoas com deficiência física desfrutam das ruas de Ouro Preto em 2030.

p. 56 Pessoas com deficiência visual caminham em Ouro Preto no ano 2030.

p. 59 Turistas visitam mina em Ouro Preto no ano 2030.

p. 60 Ouro Preto vista pela janela de um ônibus urbano em 2030.

p. 63 Casa dos Inconfidentes em Ouro Preto no ano 2030.

p. 64 Ônibus dirige-se à Praça Tiradentes em Ouro Preto no ano 2030.

p. 67 Táxi elétrico circula em Ouro Preto no ano 2030.

p. 69 Placa de advertência em estrada que dá acesso a Ouro Preto no ano 2030.

p. 70 Praia da Estação em Belo Horizonte no ano 2030.

p. 73 Trem de passageiros na Serra de Itabirito em 2030.

p. 75 Estação Victorino Dias em Ouro Preto no ano 2030.

p. 77 Concerto de música no interior de igreja em Ouro Preto no ano 2030.

p. 78 Touro muge ao longe em Ouro Preto no ano 2030.

p. 79 Assembleia das Nações Unidas (ONU) em Nova York no ano 2031.

p. 80 Ouro-pretanos assistem cerimônia da União Europeia em Ouro Preto no ano 2031.

p. 83 Estátua de Narcisa Ribeiro na Praça Marília de Dirceu em Ouro Preto no ano 2040.

Outras imagens

Capa - Cidade de Ouro Preto e Igreja de São Francisco de Paula - Ouro Preto, Minas Gerais, Brasil. Licença: FHPZL3JN

Contracapa - "Legalizamos o amor" de Randolpho Lamonier - Foto: Victor Galvão.

Orelha - Autores na Praça da Liberdade - Foto: Clarice Fontoura Barroso.

p. 15 POST, Frans. *La demeure d'un planteur de canne à sucre au Brésil ou La demeure d'un "labrador" (planteur de canne à sucre) au Brésil, dit auparavant à tort Le village de Serinhaem (Pernambouc)* - detalhe fotografado no Louvre Abu Dhabi por Marcos Fontoura de Oliveira em 31 jan. 2020.

p. 21 Desenho a nanquim. Mappa da Capitania de Minas Gerais [Cartográfico]. Domínio público. Biblioteca Nacional (Brasil).

p. 24 Igreja de São Francisco de Assis em Ouro Preto - Minas Gerais, Brasil. Licença: 7R6F2L53QW.

p. 29 Fotografia "Senhora na liteira com dois escravos. Salvador/BA, 1860" do acervo fotográfico do Instituto Moreira Salles (IMS).

p. 31 Fotografia "O mercado e a Igreja de São Francisco, obra de Aleijadinho. Ouro Preto/MG, 1880" de Marc Ferrez do acervo fotográfico do Instituto Moreira Salles (IMS).

p. 33 "Proclamação da República" 1893, óleo sobre tela de Benedito Calixto (1853-1927). Domínio público Wikimedia.

p. 36 Inauguração dos bondes de Belo Horizonte, 1902, por autor desconhecido. Domínio público. Arquivo Público Mineiro.

p. 39 Rua da cidade de Ouro Preto com Igreja de São Francisco de Assis ao fundo - Ouro Preto, Minas Gerais, Brasil. Licença: KCQBYL5ENA.

p. 48 "Narcisa Ribeiro em traje de gala" de M. Douro (2023) – impressão sobre tela em jato de tinta.

CIDADES HOMENAGEADAS

Assis (Itália)

Ávila (Espanha)

Barcelona (Espanha)

Belo Horizonte (Brasil)

Colônia (Alemanha)

Diamantina (Brasil)

Genebra (Suíça)

Havana (Cuba)

Lüdenscheid (Alemanha)

Mariana (Brasil)

Monteverde (Itália)

Nova York (EUA)

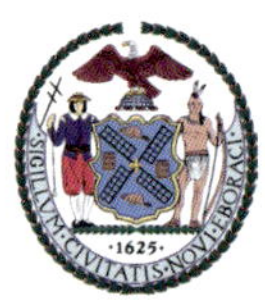

Ouro Preto (Brasil)

Paraty (Brasil)

Paris (França)

Rio de Janeiro (Brasil)

Sabará (Brasil)

Salvador (Brasil)

São Paulo (Brasil)

Taubaté (Brasil)

Tiradentes (Brasil)

Turku (Finlândia)

Viborg (Dinamarca)

ENTIDADES HOMENAGEADAS

Banco de Desenvolvimento de Minas Gerais (BDMG)

Centro de Estudos Urbanos da Universidade Federal de Minas Gerais (Ceurb-UFMG)

Conselho de Arquitetura e Urbanismo de Minas Gerais (CAU-MG)

Conselho Regional de Agronomia e Engenharia de Minas Gerais (Crea-MG)

Empresa de Transportes e Trânsito de Belo Horizonte S.A. (BHTrans)

European Commission

European Disability Forum (EDF)

Festa Literária Internacional de Paraty (Flip)

Fundação Bienal de São Paulo

Georgetown Disability Alliance

Institute for Transportation & Development Policy (ITDP Brasil)

Instituto Brasileiro de Geografia e Estatística (IBGE)

Instituto dos Arquitetos do Brasil (IAB)

Instituto Moreira Salles (IMS)

Instituto Superior Técnico (IST) da Universidade de Lisboa

International Longevity Center (ILC Brasil)

Louvre Abu Dhabi

Prefeitura de Ouro Preto

Ministério Público do Estado de Minas Gerais (MPMG)

Ministério Público Federal (MPF)

Museu de Artes & Ofícios (MAO) de Belo Horizonte

Museu do Louvre

Museu do Oratório

Museu do Vaticano

Ordem dos Advogados do Brasil - seccional Minas Grais (OAB-MG)

Organização das Nações Unidas (ONU)

Organização Mundial de Saúde (OMS)

Organização Pan-Americada da Saúde (Opas)

Rede LevanteBH

Serviço Social do Comércio de São Paulo (Sesc-SP)

The Legacy Museum

Tribunal Superior Eleitoral (TSE)

Universidade de Lisboa

Universidade de São Paulo (USP)

Universidade Federal de Minas Gerais (UFMG)

Universidade Federal de Ouro Preto (Ufop)

Vrije Universiteit Brussel (VUB)

World Resources Institute (WRI Brasil)

FSC
www.fsc.org
MISTO
Papel | Apoiando o manejo florestal responsável
FSC® C092828

2023
CARBON NEUTRAL
SAVE cerrado